典藏中国·中国古代彩塑精粹

大同华严寺彩塑

杨平 主编

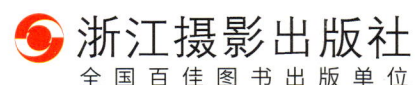

浙江摄影出版社

全国百佳图书出版单位

华严寺位于山西省大同市老城区西南隅，始建于辽重熙七年（1038），根据《辽史·地理志》中"（辽）清宁八年（1062）建华严寺，奉安诸帝石像、铜像"的记载可知，华严寺曾为辽代皇室祖庙。辽金战争时期，寺院部分建筑被毁。金熙宗天眷三年（1140），寺院重修大殿、观音阁、山门、钟楼等殿宇。金大定六年（1166），世宗完颜雍曾到华严寺巡视。元至大年间（1308—1311），华严寺重修并扩建。元末战乱，华严寺又被战火严重损毁。明代，华严寺一度为官方资产，后又重为佛教寺庙并予以重修（分上、下寺）。明末清初，华严寺又遭战火，只余下寺辽代的薄伽教藏殿和上寺金代的大雄宝殿。从此，寺院一蹶不振，不复昔日风光。1961年，华严寺被列为首批全国重点文物保护单位。今寺院大部分建筑为近现代在原址上重修。

华严寺下寺辽代薄伽教藏殿及其内天宫阁、藏经橱、经卷、彩塑和上寺金代大雄宝殿及其内的明代彩塑、清末巨幅壁画最为珍贵。其中，辽代彩塑尤为引人瞩目，辽代经橱和天宫阁则被著名建筑学家梁思成誉为"海内孤品"。

薄伽教藏殿遵从辽代的信仰习惯，坐西朝东，其佛坛呈倒"凹"形结构，上有三十二尊塑像，分别依次竖三世佛——以过去佛、现在佛、未来佛为中心，组成三组塑像。中央当心间有七尊塑像，主像为释迦牟尼佛（现在佛），其坐在莲花宝座上，左右两侧分列迦叶和阿难两大弟子、文殊菩萨、普贤菩萨和二胁侍菩萨。北次间有十一尊塑像，主像为燃灯佛（过去佛），佛左侧为迦叶尊者、胁侍菩萨、地藏菩萨和护法金刚，右侧为阿难尊者和二胁侍菩萨。此组塑像前还有一尊体量较小的坐佛及二胁侍菩萨。南次间亦有十一尊塑像，其主像为弥勒佛（未来佛），佛左侧为三胁侍菩萨，右侧为二胁侍菩萨、观音菩萨和护法金刚。与北次间一样，此组塑像前有一尊小佛和二胁侍菩萨。另外，当心间背后还有一组渡海观音三尊像。渡海观音面对的西墙则是放着古经卷的经橱和位于西壁上方的天宫阁。

辽是中国历史上由契丹族建立的王朝，其民族文化深受中原文化影响，在学术、文学、艺术等方面更是承继了大唐的传统，具体在塑像艺术方面，除具有本民族艺术特色之外，均带有明显的唐代痕迹。例如，薄伽教藏殿内佛的身光非唐代后世流行的镂空雕刻，而是饰以辽代流行的图案网目纹和忍冬纹。佛、菩萨的脸型与唐代泥塑或石雕像相似，为颇为丰润俊俏的圆脸，尤其是站立或坐在莲花座上的菩萨，体态婀娜，形象迷人。他们均双腿修长，佩戴繁复的璎珞、及地帔帛、宝钏、项圈、镂刻着祥纹瑞花的头冠，更显菩萨祥和高贵之态。尽管十余尊菩萨各具魅力，但人们还是认为南次间美唇微启、头略内倾、双手合十、身形窈窕的"露齿菩萨"最美。游客至此，多称之为"东方的维纳斯"。

薄伽教藏殿是山西现存的唯一一座堂内均为通体金色塑像的大殿，虽然历经近千年的时光，仍散发着熠熠光彩。

扫一扫
看更多

释迦牟尼佛半身像

薄伽教藏殿全景

释迦牟尼佛左侧文殊菩萨（左）与胁侍菩萨（右）像

文殊菩萨像头部特写

文殊菩萨左侧胁侍菩萨像

胁侍菩萨半身像

胁侍菩萨像头部特写

释迦牟尼佛右侧普贤菩萨（右）与胁侍菩萨（左）像

普贤菩萨半身像

普贤菩萨右侧胁侍菩萨半身像

胁侍菩萨像头部特写

释迦牟尼佛右侧普贤菩萨（中）、胁侍菩萨（左）及阿难尊者（右）半身像

燃灯佛、二弟子、地藏菩萨、胁侍菩萨及护法金刚像

地藏菩萨像

燃灯佛左侧迦叶尊者（左）与胁侍菩萨（右）像

地藏菩萨像头部特写

迦叶尊者左侧胁侍菩萨像

胁侍菩萨像头部特写

燃灯佛右侧阿难尊者（右）与二胁侍菩萨（左、中）半身像

燃灯佛右侧（外）胁侍菩萨像

阿难尊者（右）与内侧胁侍菩萨（左）像

阿难尊者（右）与内侧胁侍菩萨（左）像头部特写

燃灯佛前的化身佛像

护法金刚像

弥勒佛、观音菩萨、胁侍菩萨与护法金刚像

弥勒佛像头部特写

弥勒佛左侧（外）胁侍菩萨像

胁侍菩萨像头部特写

弥勒佛左侧三胁侍菩萨半身像

胁侍菩萨组

弥勒佛右侧护法金刚（左）与观音菩萨（右）像

弥勒佛右侧（外）胁侍菩萨像

弥勒佛左侧（内）胁侍菩萨半身像

弥勒佛右侧二胁侍菩萨像头部特写

责任编辑：王嘉文　张　磊　唐念慈
文字编辑：谢晓天
装帧设计：杭州大视角文化传播有限公司
责任校对：王君美
责任印制：汪立峰
摄　　影：欧阳君　薛华克　梅　佳　张卫兵
撰　　稿：杨　平　谢　薇

图书在版编目（CIP）数据

大同华严寺彩塑 / 杨平主编. -- 杭州：浙江摄影
出版社，2024.1（2024.8重印）
（典藏中国. 中国古代彩塑精粹）
ISBN 978-7-5514-4622-8

Ⅰ. ①大… Ⅱ. ①杨… Ⅲ. ①寺庙－彩塑－大同－画册　Ⅳ. ①K879.32

中国国家版本馆CIP数据核字(2023)第145895号

典藏中国・中国古代彩塑精粹
DATONG HUAYAN SI CAISU
大同华严寺彩塑
杨平　主编

全国百佳图书出版单位
浙江摄影出版社出版发行
　　地址：杭州市环城北路177号
　　邮编：310005
　　电话：0571-85151082
　　网址：www.photo.zjcb.com
制版：杭州大视角文化传播有限公司
印刷：杭州佳园彩色印刷有限公司
开本：787mm×1092mm　1/8
印张：6
2024年1月第1版　2024年8月第2次印刷
ISBN 978-7-5514-4622-8
定价：68.00元